Bruno Ferrero

N'aie pas peur... Je suis là !

Adaptation de Jean Hubler et Dominique Riebel

Je suis Là

Voici l'histoire d'un ghetto qui n'existe plus et d'un homme qui faisait office de sacristain à la synagogue. Chaque matin, il venait y faire le ménage, mais auparavant il ne manquait jamais de monter en chaire et de crier avec fierté : "Seigneur de l'Univers, nous sommes là !"

La persécution raciste frappa bientôt le ghetto. Puis vinrent les premières difficultés et les premiers lynchages. Mais chaque matin, le sacristain montait en chaire dans sa synagogue et proclamait, la voix parfois altérée par la colère : "Je suis venu t'annoncer que nous sommes là !"

Vint ensuite le premier massacre, suivi de beaucoup d'autres. Chaque fois le sacristain était épargné et chaque fois il se précipitait dans la synagogue, frappant du poing sur la chaire et criant jusqu'à épuisement : "Tu vois, Seigneur de l'Univers, nous sommes encore là !"

Après le dernier massacre, il se trouva seul dans la synagogue déserte.

Seul juif rescapé, il monta une dernière fois en chaire. Et, le regard éteint tourné vers le ciel, il murmura avec une infinie douceur : "Tu vois ? Je suis toujours là !"

Il s'arrêta un moment avant d'ajouter d'une voix rauque et triste : "Mais toi, où es-tu ?"

Lorsque Dieu semble absent et que la prière la plus fervente reste désespérément sans réponse, une voix murmure encore au fond de notre cœur : "N'aie pas peur : je suis là."

Le Travail, une Obligation pour Tous

La maîtresse de l'école maternelle expliquait patiemment à ses petits élèves que tout le monde sur cette terre devait travailler.

“Vraiment tout le monde ? demanda Évelyne, 4 ans.

- Enfin, presque tout le monde !, répondit la maîtresse.

- Alors, quand je serai grande, moi je serai “presque”, conclut la gamine.”

Certains s'arrangent pour travailler à moitié, se contentant de là-peu-près. Ce faisant, ils passent à côté d'une formidable opportunité de grandir.

" Travailler avec amour, revient à se relier à soi-même, et à autrui, et à Dieu. " Khalil Gibran

Le Pilote

Nous sommes en Extrême-Orient. Un orage épouvantable s'abat sur l'aéroport d'une grande ville. Les passagers se précipitent à travers la piste pour rejoindre leur avion.

Un missionnaire, trempé jusqu'aux os, réussit à trouver une place agréable à côté d'un hublot. Une gracieuse hôtesse aide les autres passagers à s'installer.

Le décollage est imminent et un membre de l'équipage ferme la lourde porte de l'avion.

Tout à coup surgit un homme sur la piste. Il court vers l'avion et se protège comme il peut en serrant son imperméable. Le retardataire frappe énergiquement à la porte de l'avion et demande qu'on lui ouvre. En faisant des signes, l'hôtesse lui explique que c'est trop tard. L'homme insiste et redouble ses coups contre la porte. L'hôtesse cherche à le convaincre d'abandonner. A travers le hublot, elle essaye de se faire comprendre : "C'est impossible... C'est trop tard... Nous devons partir... Nous n'avons plus le temps !..."

Rien à faire. L'homme insiste et veut absolument entrer. L'hôtesse finit par céder et ouvre la porte. Elle tend la main à ce retardataire et l'aide à se hisser à l'intérieur de l'avion.

Oh, surprise ! Cet homme était le pilote de l'avion !

Attention ! Ne laisse pas à terre le pilote de ta vie !

Le Faucon

Un faucon avait été capturé par un paysan et vivait attaché par une patte dans la cour de la ferme. Refusant de vivre comme un vulgaire poulet, il prit l'habitude de tirer par à-coups sur la corde qui le retenait à la solide poutre du poulailler. Les yeux fixés au ciel, il s'élançait de toutes ses forces pour prendre son envol. Mais la corde, inexorablement, le ramenait à terre. Jour après jour, durant des semaines, il répétait les mêmes gestes, jusqu'à ce que la peau de sa patte en fut toute lacérée et ses belles ailes abîmées.

Avec le temps, il finit par s'habituer à sa nouvelle condition. Au bout de quelques mois, il se mit même à apprécier la pâtée des poules et à gratter le sol comme elles.

Résigné, il ne remarqua pas que les pluies annuelles et les neiges de l'hiver avaient pourri la corde qui le rivait au sol. Un dernier petit à-coup sur la corde aurait suffi à le libérer et à lui rendre la maîtrise de l'espace. Mais il ne fit pas ce dernier effort.

"Un idéal, c'est l'individu redressé par l'individu, reconstruit et rendu par le pinceau à l'éclatante vérité de son harmonie native."
Charles Baudelaire

LE SERMON DE SAINT FRANÇOIS

"Les actes font croire aux paroles."
(Térence, Hecyra, 857, IIe siècle av. J.-C.)

Un jour, en sortant du couvent, saint François rencontra frère Genièvre. C'était un frère simple et bon. Saint François l'aimait beaucoup.

En l'abordant il lui dit :
"Frère Genièvre, viens, allons prêcher !
- Tu sais bien, mon Père, que j'ai peu d'instruction. Comment pourrais-je parler aux gens ?"
Comme saint François insistait, frère Genièvre finit par accepter.

Ils parcoururent toute la ville en priant silencieusement pour tous ceux qui travaillaient dans les échoppes et les potagers. Ils sourirent aux enfants, spécialement aux plus pauvres. Ils échangèrent quelques paroles avec les vieux et les vieilles, caressèrent les malades, aidèrent une femme à porter un énorme seau d'eau.

Après avoir ainsi traversé plusieurs fois la ville, saint François dit :

"Frère Genièvre, il est temps de retourner au couvent !
- Et notre prédication ?

- Nous l'avons faite... Nous l'avons faite !", lui répondit le saint en souriant.

Si dans ta poche tu portes un parfum fort et musqué, inutile de le raconter à tout le monde ! Le parfum parlera à ta place.

Scandale dans l'Usine

Dans une usine éclata une affaire de vol. Chaque jour de la marchandise disparaissait. Une société spécialisée fut chargée de fouiller chaque ouvrier à la sortie du travail.

La plupart ouvraient spontanément leur sac et laissaient même examiner leur gamelle. Très zélés, les vigiles contrôlaient chaque ouvrier, jusqu'au dernier. C'était toujours le même qui clôturait la file : un petit homme tirant un chariot rempli de déchets. Jour après jour, un gardien fouillait épluchures, mégots et gobelets en plastique dans l'espoir de dénicher un objet de valeur. Cela lui prenait une bonne demi-heure.

Un soir le gardien, désespéré, dit au petit homme :

"Je sais que tu manigances quelque chose. Je contrôle chaque jour le moindre déchet dans ton chariot sans jamais rien trouver qui vaille la peine d'être volé. Ça me rend fou ! Dis-moi ce que tu combines et je te promets de n'en rien révéler."

L'homme haussa les épaules et répondit :

"C'est simple, je vole des chariots !"

Nous nous méprenons complètement sur le sens de la vie quand nous courons après les plaisirs et les gains.
De plus en plus frustrés, nous passons nos journées et nos années à rechercher frénétiquement une récompense ou un succès qui donnerait un sens à notre vie. Sans voir l'évidence : la vie est un trésor. N'est-elle point notre bien le plus précieux ?

LA CORRUPTION

Un maître maçon travaillait depuis de nombreuses années pour une grosse entreprise de construction. Un jour il reçut l'ordre de construire une superbe villa selon le plan qui lui semblerait le meilleur. Il pourrait la construire là où il voudrait et sans regarder à la dépense.

Les travaux commencèrent rapidement. Mais, profitant de cette confiance aveugle, le maître maçon n'utilisa que des matériaux de mauvaise qualité, embaucha des ouvriers peu qualifiés aux salaires les plus bas, et garda pour lui l'argent ainsi économisé.

Quand la villa fut achevée, il y eut une petite fête au cours de laquelle le maître maçon remit la clé d'entrée au président de la société.

Le président, tout sourire, la lui rendit et, en lui serrant la main lui dit :

"Cette villa est notre cadeau pour vous, en signe d'estime et de reconnaissance."

Chacune de tes journées est une brique qui construit ta future maison.

LA PORTE

"Le cœur de l'homme est tortueux et inscrutable."
(Jérémie 17,9)

Il existe un tableau célèbre représentant Jésus dans un jardin sombre. De la main gauche il tient une lampe qui éclaire la scène. De sa main droite, il frappe à une lourde et robuste porte.

Quand ce tableau fut présenté pour la première fois dans une exposition, un visiteur fit remarquer au peintre un détail curieux :
"Il y a une erreur dans votre tableau : la porte n'a pas de poignée.

- Ce n'est pas une erreur, répliqua le peintre, c'est la porte du cœur humain, et celle-ci ne s'ouvre que de l'intérieur !"

« Chacun doit "descendre" en soi-même et à mesure qu'il descend, les ténèbres s'épaississent jusqu'au tuf obscur, au moi profond, où s'agitent les ombres des ancêtres, où mugit l'instinct, ainsi qu'une eau sous la terre. »
Georges Bernanos (1988-1948)

Les Deux Amis

Une petite fille écrivit : "Le soir, quand je suis au lit, je me tourne vers le mur et je me parle, parce que moi je m'écoute."

Il y a bien longtemps, en Chine, vivaient deux amis. L'un d'eux excellait à jouer de la harpe ; l'autre avait le don de savoir écouter comme personne d'autre au monde.

Quand le premier jouait ou chantait la beauté d'une montagne, le deuxième disait :

"Je vois la montagne, comme si elle était tout près, devant moi !"

Quand le premier jouait sur le thème du ruisseau, celui qui écoutait fondait de plaisir :

"J'entends l'eau courir parmi les pierres !"

Hélas ! un grand malheur advint : celui qui savait écouter tomba malade et mourut. Le premier ami alors cassa les cordes de sa harpe et plus jamais ne joua.

Écouter un ami, c'est lui donner la possibilité d'exprimer sa différence. Le plus beau cadeau que nous puissions lui faire, c'est de l'écouter avec notre cœur, sans idées préconçues.

La Reine Victoria

La reine Victoria, puissante souveraine d'Angleterre, était très éprise de son mari Albert de Cobourg. Albert n'avait pas droit au titre de roi et ne jouait aucun rôle public. Cependant, malgré leur grand amour, ils se querellaient souvent.

Un jour, après une dispute, le prince Albert s'enferma dans sa chambre. Peu après, Victoria s'approcha de la porte et frappa.

"Qui est là ?, demanda Albert.

- La reine d'Angleterre !", répondit-elle.

La porte resta fermée et la jeune femme frappa une deuxième fois.

"Qui est là ?

- La reine d'Angleterre !"

Silence. Et la même scène se répéta plusieurs fois.

Finalement :

"Qui est là ?

- Ton épouse, Albert !", répondit Victoria.

Aussitôt la porte s'ouvrit.

Que de fois, Dieu avait frappé à la porte des hommes !
"Qui es-tu ?
- Je suis ton Dieu !"
Inexorablement la porte restait close.
Finalement : "Qui es-tu ?
- Je suis ton Père !"
Et la porte s'ouvrit.

La Caravane dans le Désert

Un souverain riche et puissant voyageait dans le désert accompagné d'une longue caravane qui transportait de l'or et des pierres précieuses.

A mi-parcours, un chameau, épuisé par la chaleur suffocante, s'écroula tout haletant et ne se releva plus.

Le coffret précieux qu'il transportait roula sur les flancs de la dune, se brisa et le trésor se répandit dans le sable.

Le prince ne voulait pas ralentir la marche et encore moins s'arrêter. De toute façon, il n'avait pas de coffret de rechange et ses chameaux étaient déjà surchargés. Alors, dans un accès de découragement teinté de générosité, il invita ses pages et ses écuyers à garder pour eux les pierres précieuses qu'ils réussiraient à ramasser.

Pendant que les jeunes gens se jetaient avidement sur ce riche butin et qu'ils fouillaient fébrilement le sable, le prince poursuivit son voyage dans le désert.

Au bout d'un moment, il s'aperçut que quelqu'un le suivait. Il se retourna et vit que c'était l'un de ses pages qui, tout en sueur, essayait péniblement de le rattraper.

“Toi alors, lui dit le prince, tu ne t’es pas arrêté ? Tu n’as rien ramassé ?”.

Le jeune homme lui donna une réponse empreinte de dignité et de fierté :

“Moi, je veux suivre mon roi !”

" On peut aller sans Dieu dans le désert, mais non revenir sans lui dans la vallée du Nil. "
Proverbe égyptien

L'ATHÉE

Un petit vieux, athée et désabusé, se rendit auprès d'un prêtre, espérant qu'il l'aiderait à surmonter ses doutes. Il ne réussissait pas à croire que Jésus de Nazareth était vraiment ressuscité et recherchait des preuves de la résurrection.

Quand il arriva au presbytère, il trouva le prêtre en train de dialoguer avec un paroissien.

Apercevant le petit vieux, debout dans le couloir, le prêtre se leva, souriant, et lui offrit une chaise.

Quand le paroissien eut pris congé, le prêtre accueillit le vieux monsieur et l'écouta avec attention. Le problème étant exposé, ils parlèrent longuement. Le dialogue fut dense et riche. L'ancien athée exprima le désir de revenir à la Parole de Dieu, aux sacrements et à la confiance en Marie.

Heureux et émerveillé, le prêtre lui demanda :

"Dites-moi, de notre longue conversation quel est donc l'argument qui vous a convaincu que Christ est vraiment ressuscité et que Dieu existe ?

- C'est tout simplement votre aimable geste : celui de m'apporter une chaise pour m'éviter la fatigue !"

(Danilo Zanella)

" *Les mots sont des nains, les exemples des géants.* "
Proverbe suisse

Pourquoi Avoir Peur ?

Une famille vivait heureuse dans sa petite maison de banlieue jusqu'au jour où survint un terrible incendie dans la cuisine…

Aussitôt parents et enfants se précipitèrent hors de la maison. Une fois à l'abri du feu, ils s'aperçurent avec horreur que le plus jeune, un enfant de 5 ans, était resté à l'intérieur. Au moment de sortir, épouvanté par le crépitement des flammes et l'odeur âcre de la fumée, l'enfant avait rebroussé chemin et courut à l'étage supérieur.

Que faire ? Papa et maman se regardaient désespérés ; les deux sœurs poussèrent un cri. S'aventurer dans cette fournaise devenait impossible ! Et les pompiers tardaient à venir.

Soudain, la fenêtre de la mansarde s'ouvrit, laissant apparaître le visage de l'enfant. Il hurlait terrorisé : "Papa ! Papa !"

Le père s'approcha et ordonna : "Saute, saute !"

En dessous de lui l'enfant ne voyait que feu et fumée noire. Mais il entendit la voix et cria :

"Papa, je ne te vois pas...

- Moi je te vois et ça suffit, saute, saute !", hurla le père.

L'enfant sauta et atterrit sain et sauf dans les robustes bras de son papa, qui l'avait attrapé au vol.

Tu ne vois pas Dieu. Mais Dieu te voit. Jette-toi ! Lance-toi !

Faire Confiance

Le vieil ermite Sébastien avait l'habitude de prier dans un petit sanctuaire perdu sur une colline où était vénéré un crucifix auquel on avait donné le titre significatif de "Christ des grâces". Les gens affluaient de tout le pays pour implorer secours et bienfaits.

Un jour, le vieux Sébastien décida de demander lui aussi une faveur. Agenouillé devant la croix, il pria : "Seigneur, je veux souffrir avec toi. Laisse-moi prendre ta place sur la croix !" Silencieux, les yeux rivés à la croix, Sébastien attendait une réponse.

Soudain, le Crucifié remua les lèvres et se mit à parler : "Mon cher ami, j'accepte ta demande, mais à une condition : quoi qu'il arrive, quoi que tu puisses voir, tu devras toujours garder un silence absolu.

- Je te le promets, Seigneur." Et chacun prit la place de l'autre.

Nul ne se rendit compte que c'était Sébastien qui était sur la croix et que le Seigneur avait pris la place de l'ermite. Les pèlerins continuaient à invoquer grâces et bienfaits. Et Sébastien, fidèle à sa promesse, ne disait mot. Jusqu'au jour où un homme riche vint passer par là...

Après avoir prié, il repartit, oubliant sa bourse pleine de pièces d'or sur le gradin. Sébastien qui avait tout vu resta muet. Il garda encore le silence lorsqu'une heure plus tard, il vit un pauvre tout ébahi se saisir de la bourse et disparaître. Il ne souffla mot au jeune homme venu s'agenouiller devant lui pour implorer sa protection pendant le long voyage en mer qu'il allait entreprendre. Mais il ne put se taire quand il vit l'homme riche revenir en courant et accuser injustement le jeune homme. “Qu’on fasse venir les gardes, hurlait l’homme riche, qu’on arrête mon voleur.”

Sébastien poussa soudain un cri tonitruant : “Arrête !” Stupéfaits, tous élevèrent le regard vers le crucifié et comprirent l’imposture. Sébastien expliqua comment les choses s’étaient passées.

Le riche courut à la recherche du pauvre. Le jeune homme se hâta de prendre son bateau sur le point de partir. Et, lorsqu’il n’y eut plus personne dans le sanctuaire, le Christ se tourna vers Sébastien pour le réprimander :

“Descends de la croix, Sébastien, tu n’es pas digne de prendre ma place. Tu n’as pas su te taire !

- Mais, Seigneur, protesta Sébastien tout confus, devais-je permettre cette injustice ?

- Tu ignores, répondit le Seigneur, qu’il était bon que le riche perde sa bourse, car avec cet argent il s’apprêtait à commettre une injustice. Quant au jeune homme, il aurait mieux valu pour lui qu’il soit momentanément arrêté par les gardes et qu’il rate le départ car en ce moment même, son bateau est en train de sombrer.”

L’écrivain Pierre Chiara et le sculpteur François Messina avaient une profonde amitié l’un pour l’autre. Mais ils ne partageaient pas la même foi religieuse.
Quand Chiara fut sur le point de mourir, Messina se rendit à son chevet et, lui prenant la main, lui demanda : “Dis-moi, Pierre, où en es-tu avec la foi ?”
Chiara fixa son ami d’un regard désolé et répondit : “C’est en toi que j’ai confiance !”
Connaissez-vous paroles d’amitié plus émouvantes et prière à Dieu plus belle que ces quelques mots : “J’ai confiance en toi !”

L'ANNEAU MAGIQUE

Un roi convoqua à sa cour tous les mages du royaume et leur dit : "Je voudrais toujours rester un exemple pour mes sujets. Je voudrais apparaître fort et tenace, calme et impassible face aux vicissitudes de la vie. Il m'arrive d'être triste ou dépressif à cause d'un événement néfaste ou d'un hasard malencontreux. D'autres fois, une joie inattendue ou un grand succès me plongent dans un état d'excitation exagérée. Tout cela me déplaît. Je ressemble un peu à un fétu de paille ballotté par les flots. Procurez-moi une amulette qui me protège de tous ces états d'âme et de ces sautes d'humeur."

Un à un, les mages refusèrent. Ils savaient confectionner des amulettes de toutes sortes pour les personnes en détresse qui s'adressaient à eux. Mais comment satisfaire un roi exigeant, qui plus est, une amulette à l'effet infaillible ?

La colère du roi était sur le point d'exploser, quand un vieux sage s'avança et dit : "Majesté, demain je t'apporterai un anneau. Chaque fois que tu le regarderas, ta tristesse se changera en joie et si tu es excité, tu trouveras le calme. Pour cela, il te suffira de lire la phrase magique qui y est gravée."

Le lendemain le vieux sage revint. Dans le silence général, car tous voulaient connaître la phrase magique, il remit au roi l'anneau promis.

Le roi le regarda et lut les mots inscrits sur le cercle d'argent : "Ça aussi, ça passera !"

"Dans la vie de l'homme il y a un moment pour tout, et pour tout une occasion opportune.
....Ce qui est a déjà été et ce qui sera, est déjà.
Tout passe, mais Dieu n'a peur de rien."
(Qohélet 3,1.15)

L'ÉCRITURE DANS LE SABLE

"Errer est humain, pardonner est divin."
(A. Pope, Essay on Criticism, 325)

Les maîtres de la loi et les Pharisiens amenèrent à Jésus une femme qu'on avait surprise en train de commettre un adultère. Avec brusquerie ils la placèrent devant tout le monde et dirent :

"Maître, nous avons surpris cette femme en train de tromper son mari. La loi de Moïse nous ordonne de tuer de telles femmes à coups de pierres. Et toi, qu'en dis-tu ?"

Ils voulaient ainsi lui tendre un piège et trouver des prétextes pour l'accuser. Mais Jésus se baissa et d'un doigt se mit à écrire sur le sable.

Étrange tribunal ! Voilà que le juge écrit sur le sable où rien ne pourra subsister.

Il suffira d'une petite brise du soir et tout sera effacé ! Aucun dossier, pas de rapports volumineux ! Jésus n'en veut rien savoir.

Comme ils insistaient et continuaient à le questionner, Jésus se redressa et leur dit : "Que celui d'entre vous qui n'a jamais péché lui jette la première pierre." Puis il se baissa de nouveau et se remit à griffonner sur le sable. En peu de temps, la place se vida.

Seule la femme était encore là, debout devant Jésus. Alors il se redressa. Un simple regard. Une toute petite phrase :

"Alors, personne ne t'a condamnée ?
- Personne, Seigneur !
- Moi non plus, je ne te condamne pas.
Tu peux t'en aller, mais ne pèche plus !"
La brise du soir efface tout !

Certaines personnes voudraient nous faire croire que Dieu n'est qu'un espion qui passe ses jours et ses nuits à comptabiliser nos erreurs, une espèce d'ordinateur enregistrant tous nos écarts de conduite. Dieu n'est pas un calculateur, Dieu est tendresse et miséricorde !

Le Juge Universel

Après sa mort, une femme simple et sereine se sentit soudain emportée dans la longue procession des personnes qui avançaient lentement vers le Juge suprême. Au fur et à mesure qu'elle approchait du but, elle percevait de plus en plus distinctement les paroles du Seigneur.

Elle entendit ainsi le Christ dire à quelqu'un : "Tu m'as porté secours quand je gisais blessé sur l'autoroute et tu m'as transporté à l'hôpital, viens, entre dans mon Paradis !" Puis à un autre : "Tu as prêté de l'argent sans intérêts à une pauvre veuve, viens recevoir la récompense éternelle !" Et encore : "Tu as fait gratuitement des opérations chirurgicales très difficiles. Tu m'as ainsi permis de redonner espérance à beaucoup de gens, entre dans mon Royaume !" Et ainsi de suite.

La pauvre femme fut prise de frayeur. Elle avait beau se creuser la tête, elle ne se souvenait pas avoir accompli quelque chose d'exceptionnel au cours de sa vie. Elle essaya de quitter les rangs pour avoir le temps de réfléchir, mais sa tentative échoua. Un ange, d'un geste ferme, mais avec un beau sourire, la retint dans la longue file d'attente.

Apeurée, le cœur battant très fort, elle apparut enfin devant le Juge. L'aimable sourire du Seigneur eut vite fait de la rassurer. Une immense confiance la submergea. "Tu as repassé toutes mes chemises, entre dans mon Bonheur !", dit-il.

Il nous est parfois bien difficile d'imaginer combien l'extraordinaire peut se vivre tout simplement dans l'ordinaire du quotidien.

La Vieille Dame Acariâtre

"Le fond du cœur est plus loin que le bout du monde"
Proverbe chinois

Une vieille dame s'était retirée dans une résidence pour personnes âgées. Le lendemain de sa mort on trouva sur la table de nuit une lettre adressée à la jeune infirmière du service.

"Que vois-tu, toi qui me soignes ? Que vois-tu quand tu me regardes ? A quoi penses-tu quand tu me quittes ? Et que dis-tu lorsque tu parles de moi ?

La plupart du temps tu vois une vieille acariâtre, un peu folle, le regard hagard, qui n'a plus toutes ses facultés, qui bave quand elle mange et qui ne répond jamais quand elle le devrait.

Une vieille dame qui ne cesse d'égarer ses chaussures, de perdre ses bas et qui se laisse baigner et nourrir par toi pour occuper ses longues journées grises.

Voilà ce que tu vois !

Alors, ouvre bien les yeux ! Car ce n'est pas moi !

Je vais te dire qui je suis.

Je suis la dernière de dix enfants. J'avais un père et une mère, des frères et des sœurs. On s'aimait bien.

A seize ans, j'ai des ailes aux pieds et rêve d'avoir un fiancé. Je me marie à vingt ans.

Mon cœur bondit de joie au souvenir des résolutions prises ce jour-là.

Et me voilà maman d'un petit garçon à vingt-cinq ans. Il a besoin de moi pour pouvoir se construire.

Trente ans : mon fils grandit vite. Nous sommes liés l'un à l'autre par des liens éternels.

Quarante ans. Mon fils quitte la maison. Mais mon mari veille à mes côtés.

Cinquante ans. Mes petits-enfants jouent autour de moi. Mon bien-aimé et moi nous nous réjouissons de leurs cris.

Puis arrivent les jours sombres. Mon mari meurt. Je tremble devant l'avenir, consciente que mon fils a fort à faire pour s'occuper des siens.

Je repense aux années passées et à l'amour que j'ai connu. A présent, je suis vieille. La nature est cruelle. Elle s'amuse à faire passer la vieillesse pour de la folie. Mon corps me lâche. Le charme et la force m'abandonnent. Et, avec l'âge qui avance, mon cœur s'est endurci.

Mais le cœur de la jeune fille continue de battre dans cette vieille carcasse. Je me souviens des joies, je me souviens des peines. J'écoute toujours la vie et j'ai toujours envie d'aimer. Mais, j'accepte l'implacable réalité que "rien ne peut durer !"

Alors, ouvre les yeux, toi qui me soignes. Regarde non pas la vieille acariâtre... Observe avec attention, alors tu me découvriras, telle que je suis !"

Que de visages, de mains, de personnes rencontrés chaque jour ! Que retenons-nous ? Les rides, les moues, les interrogations, la dureté ou les imperfections d'un visage ? Et si nous apprenions à regarder les rêves, les palpitations et les amours enfouis au fond du cœur ?

La Statue

Il était une fois un montagnard qui possédait une statue, œuvre d'un maître antique. Il l'avait reléguée dans un coin, face contre terre, et ne lui prêtait plus aucune attention.

Un jour, un homme de la ville vint à passer par là et aperçut la statue.

Comme c'était un homme de culture, il demanda au propriétaire s'il était disposé à la vendre. Ce dernier se mit à rire et dit :

“Excusez-moi de vous répondre ainsi. Qui serait assez bête, pour acheter une pierre en aussi mauvais état ?”

L'homme de la ville continua :

“En échange, je te donne cette pièce d'argent.”

Le montagnard fut ravi de cette aubaine inattendue.

La statue fut transportée en ville à dos d'éléphant. Après plusieurs lunes, le montagnard se rendit en ville. Tout en marchant, il remarqua un attroupement devant un édifice. Un homme criait à tue-tête :

“Venez voir la statue la plus belle et la plus admirable du monde. Seulement deux pièces d'argent pour admirer l'œuvre merveilleuse d'un grand maître !”

Et le montagnard paya les deux pièces d'argent pour entrer au musée et voir la statue que lui-même avait vendue pour seulement une pièce.

(Khalil Gibran)

Je vivais au bord d'une route ombragée et j'observais les jardins des voisins situés de l'autre côté de la route. Sous la lumière du soleil, ils avaient un air de fête. Je me sentais pauvre et j'allais de porte en porte avec la faim au ventre.

Plus les gens me donnaient de leur insouciante abondance et plus s'imposait à ma conscience mon écuelle de mendiant. Jusqu'à ce qu'un beau matin l'ouverture soudaine de ma porte me réveille de mon profond sommeil, et alors tu entres me demander la charité.

Désespéré, je cassai le couvercle de mon coffret, et surpris, je découvris que j'étais très riche.
(Rabindranâth Tagore)

Le Roitelet

Un énorme ours avait entendu dire que le roitelet était le roi des oiseaux.

L'ours ne voulait pas croire qu'un oiseau si petit puisse être roi et décida d'aller fourrer son nez dans le palais du souverain.

"Pouah ! grommela-t-il à haute voix, cela un palais ? Tout juste un refuge pour les va-nu-pieds !"

Mais dans le nid se trouvaient les petits du roitelet, si minuscules qu'on les voyait à peine. Se sentant offensés, les oisillons sautèrent sur le bord du nid et se mirent à piailler : "Excuse-toi sur le champ, espèce de malotru !"

L'ours repartit en ricanant.

Peu après, le roi et la reine roitelet retournèrent au palais. Aussitôt leurs enfants racontèrent ce qui était arrivé.

"Qu'on ne vienne jamais offenser mes petits ! dit le roi. Je vais sur le champ déclarer la guerre à l'ours !" Et il en fut ainsi.

Quand le tout petit ambassadeur du roitelet déclara la guerre à l'ours, le rire de ce géant fut si tonitruant que son souffle emporta l'ambassadeur comme un vulgaire moucheron.

Pendant ce temps l'armée du roitelet se rassemblait. Il y avait là tous les petits animaux ailés : oiseaux, papillons, mouches, abeilles, etc.

L'ours à son tour réunit son armée. Tous les grands quadrupèdes étaient présents : loups, chevaux, éléphants. Le commandement en fut confié au renard, car il était le plus rusé de tous.

Avant de se lancer dans la bataille le renard expliqua son plan :

“Suivez-moi et je vous mènerai à la victoire ! Ma queue servira de signal. Tant qu’elle sera dressée, avancez et tapez dur. Si les choses vont mal, je la baisserai. Dans ce cas seulement, nous devrons nous enfuir. Mais cette éventualité ne se présentera pas.”

Cachée dans un buisson voisin une libellule du contre-espionnage avait tout entendu. Elle s’envola rapidement faire son rapport.

“Bien, dit le roitelet, quand le renard avancera, le moustique devra le piquer sous la queue !”

Les deux armées se trouvèrent enfin face à face. Le renard avait la queue bien droite et derrière lui ours, loups et éléphants se moquaient ouvertement de leurs petits ennemis. Quelle armée dérisoire !

Cependant le petit moustique se blottit sous la queue du renard, le piquant tant et si bien qu’il ne put s’empêcher de baisser la queue. A la vue du renard la queue entre les pattes, les soldats de l’ours conclurent : “Nous avons perdu !” Et ils s’enfuirent à toutes jambes.

A leur tour, le roitelet et ses courageux petits soldats éclatèrent de rire.

“La belle pensée est cachée plus que la gemme, mais on la trouve dans la main de la servante qui broie le grain.”
(Sagesse de Ptahotep, IVe millénaire av. J.C.)

L'INCENDIE

"On ne creuse pas avec le manche de la bêche, mais le manche aide à creuser." Proverbe bantou.

Un jour, un incendie éclata dans une forêt très fréquentée.

Tout le monde fuyait dans une immense panique.

Seuls restèrent un aveugle et un boiteux.

Dans sa grande frayeur, l'aveugle s'apprêtait à marcher droit vers le feu.

"Non ! pas de ce côté, cria le boiteux, tu finirais dans les flammes !

- Alors, de quel côté ?, demanda l'aveugle.

- Je peux t'indiquer la route, répondit le boiteux, mais je ne peux pas courir. Si tu me prends sur tes épaules, nous pourrions nous en sortir beaucoup plus rapidement et nous mettre à l'abri."

L'aveugle suivit le conseil du boiteux. Et tous les deux se sauvèrent ensemble.

Si nous savions mettre en commun nos expériences, nos espérances et nos déceptions, nos blessures et nos conquêtes, la vie serait plus lumineuse.

L'ESCALIER

Sur les escaliers de sa maison un petit garçon s'amusait avec son copain du même âge. Il jouait au "prêtre qui dit la messe". Tout allait bien jusqu'au moment où son petit copain, lassé de faire seulement le servant de messe, monta une marche plus haut et se mit à prêcher.

Le petit garçon le réprimanda sèchement : "Il n'y a que moi qui ait le droit de prêcher ! Toi tu ne sais pas faire ! C'est à moi de prêcher ! Tu gâches tout le jeu ! Tu es méchant !"

Alertée par les cris, la maman intervint. Elle expliqua à son fils que les règles de l'hospitalité lui imposaient de permettre à son copain de prêcher lui aussi.

Mécontent, le petit garçon se mit à bouder. Puis soudain son visage s'illumina. Il monta sur la plus haute marche et répondit :

"D'accord, il peut continuer à prêcher. Mais moi je ferai Dieu !"

Imaginons que le monde est un escalier. Chaque marche est une nouvelle occasion de nous épanouir. Montons toujours plus haut. Travaillons à nous élever au-dessus de nous-même.

Au Carrefour du Village

"Il faut toute la vie pour apprendre à vivre."
(Sénèque, De brevitate vitae, VII, III, 5)

Il y a bien longtemps un homme cherchait le secret de la vie. Un jour, un ermite lui indiqua un puits qui pourrait lui donner la réponse à sa quête.

L'homme courut au puits et posa sa question :
"Existe-t-il un secret de la vie ?"

De la profondeur du puits retentirent ces paroles : "Va au carrefour du village, tu y trouveras ce que tu cherches."

Plein d'espérance, l'homme obéit. Au lieu indiqué, il trouva trois magasins : la première boutique ne vendait que des fils métalliques, la seconde du bois et la troisième des morceaux de métal. Rien ni personne aux alentours ne semblait avoir le moindre rapport avec la révélation du secret de la vie.

Déçu, l'homme retourna au puits pour lui demander des explications. "Tu comprendras plus tard", dit le puits. L'homme protesta, mais ne reçut pour toute réponse que l'écho de ses propres plaintes.

Pensant qu'il s'était fait berner, notre homme poursuivit sa quête.

Au fil du temps, le souvenir de cette mauvaise expérience s'estompa. Il l'avait presque oubliée quand une nuit, alors qu'il se promenait au clair de lune, le son d'une cithare attira son attention...

C'était une musique merveilleuse, comme inspirée et jouée avec beaucoup de maîtrise.

Fasciné, l'homme se dirigea vers l'instrumentiste. Il regarda ses mains jouer avec habileté, vit la cithare... et

poussa un cri de joie. Il détenait enfin son explication ! La cithare était composée de fils métalliques, de morceaux de métal et de bois comme ceux qu'il avait vus dans les trois magasins au carrefour du village et auxquels il n'avait prêté aucune signification particulière.

Vivre est un acte magique. Sensations, impulsions, désirs, émotions, idées, rencontres, que d'expériences enrichissantes ! Ne rejetez rien, soyez ouverts. Un jour vous découvrirez combien cela était grand et irremplaçable.
Chaque jour apprenez quelque chose de nouveau sur vous-même et sur les autres.
Prenez le temps de regarder autour de vous et d'aimer. Regardez les fleurs, les oiseaux. Écoutez la brise du vent. Mangez sainement et sachez apprécier ce que vous mangez. Partagez tout avec les autres.
Que votre vie devienne musique pour les autres.

Un Pauvre Vieux

Il était une fois un vieillard qui n'avait jamais été jeune. De toute sa vie il n'avait jamais appris à vivre. Et n'ayant jamais appris à vivre, il n'arrivait pas non plus à mourir ! Il ne savait ni pleurer ni sourire, et encore moins trembler ou espérer !

Tout ce qui se passait dans le monde le laissait indifférent, il ne ressentait ni crainte, ni étonnement. Il passait ses journées à paresser sur le seuil de sa cabane sans même apercevoir l'ouate moelleuse des nuages qui balaient l'immense cristal bleu du ciel.

Il était tellement chargé d'ans, qu'on le prenait pour un sage plein d'expérience et de savoir. Parfois, un passant espérant s'enrichir à son contact, lui posait une question.
"Que devons-nous faire pour trouver le bonheur ? lui demandèrent des jeunes.
- Le bonheur ? Ce n'est qu'une invention de gens stupides ! répondit le vieillard.
- Quel sacrifice pourrions-nous faire pour aider nos frères ? l'interrogèrent des hommes à l'âme noble.
- Celui qui se sacrifie pour l'humanité est un fou, ricana-t-il d'un air sinistre.
- Comment faire pour guider nos enfants sur le droit chemin ? s'enquirent des parents.
- Les enfants sont des serpents, répondit le vieillard. Il n'y a rien à en attendre si ce n'est des morsures empoisonnées."

Même les artistes et les poètes le prenaient pour un puits de science et venaient le consulter. "Enseigne-nous comment exprimer les sentiments les plus profonds", lui disaient-ils.

"Vous feriez mieux de vous taire !", grommelait le vieillard.

Ses idées négatives finirent peu à peu par gagner du terrain. De son antre sordide, PESSIMISME – c'était son nom – fai-

sait souffler un vent glacial sur la bonté, l'amour et la générosité qui finirent par se flétrir et se dessécher. Tout cela déplut fortement au Seigneur qui décida d'y remédier.

Il fit venir un petit enfant et lui dit : "Va auprès de ce pauvre vieillard et embrasse-le."

L'enfant obéit. Il mit ses bras tendres et potelés autour de son cou et imprima un baiser humide et sonore sur sa joue rugueuse.

Pour la première fois, le vieillard fut ému. Ses yeux troubles devinrent tout à coup limpides. Personne ne l'avait jamais embrassé.

Le vieillard ouvrit les yeux à la vie et s'endormit dans la mort en souriant.

En effet, il suffit parfois d'un baiser, un "je t'aime", même murmuré, un timide "merci", un encouragement sincère pour rendre quelqu'un heureux !

L'AUTRUCHE OLIVER

"La croyance aux préjugés passe dans le monde pour bon sens." (Helvétius 1715-1771,Maximes et Pensées)

Une autruche intransigeante et rigide donnait un cours sur la supériorité de son espèce sur toutes les autres à de jeunes autruches : “Nous sommes les plus grands oiseaux et les meilleurs !”

Tous les élèves acquiescèrent à l'exception d'Oliver, une autruche plus réfléchie.

“Nous ne savons pas voler à reculons comme les colibris, dit Oliver à haute voix.

- Les colibris, en reculant, perdent du terrain, répliqua son aînée ; nous autres, nous allons de l'avant.

- Ça c'est vrai !, s'exclamèrent toutes les autruches, excepté Oliver.

- Nos œufs sont les plus grands et les meilleurs, poursuivit l'enseignante. Ceux des rouges-gorges ne donnent que des rouges-gorges. Leur centre d'intérêt se limite aux vers de terre !

- Ça c'est vrai !, s'exclamèrent toutes les autruches, excepté Oliver.

- Nous marchons sur quatre doigts, alors qu'il en faut dix à l'homme, continua l'autruche.

- Mais l'homme sait voler en restant assis, alors que nous sommes incapables de voler, commenta Oliver.

L'enseignante le dévisagea sévèrement. “L'homme vole beaucoup trop vite autour de la terre. Or, elle est ronde. Bientôt il se rattrapera lui-même en se heurtant par derrière. Il ne saura même pas qu'il s'est frappé lui-même !

- Ça c'est tout à fait vrai ! s'exclamèrent toutes les autruches, excepté Oliver.

- Et puis, quand se présente un danger, nous pouvons nous rendre invisibles en nous cachant la tête dans le sable, s'écria la maîtresse. Cela, personne d'autre ne sait le faire.

- Comment faisons-nous alors pour savoir que les autres ne nous voient pas, si nous-mêmes nous ne voyons plus ? demanda Oliver.

- Arguties !" interrompit l'autruche adulte. Et tous les élèves, sauf Oliver, de répéter en chœur : "Arguties ! Arguties !", sans savoir ce que cela voulait dire.

Soudain, toute la classe entendit un grondement inhabituel et menaçant comme un roulement de tonnerre qui se rapprochait. Le tumulte ne venait pas du ciel. C'était une immense horde d'éléphants maladroits, effrayés par un quelconque danger qui fonçaient droit devant eux, à l'aveuglette. L'enseignante et ses élèves s'enfouirent immédiatement la tête dans le sable excepté Oliver qui s'abrita derrière un grand rocher tout proche. Il y resta jusqu'à la fin de cette étrange tempête. Quand il sortit de sa cachette, Oliver ne vit devant lui qu'une vaste étendue de sable avec des os et des plumes. C'était tout ce qui restait de ses compagnons de classe. Par acquis de conscience, il fit l'appel. Seul le silence lui répondit.

"Oliver ! cria-t-il alors.

- Présent !", fut l'unique réponse du désert.

Ce n'est pas le succès médiatique d'une idée qui la rend pertinente.

Le Départ du Soldat

Durant la Première Guerre mondiale, même les jeunes de dix-huit ans étaient enrôlés dans l'armée. L'adieu aux familles de ces petits soldats était toujours poignant.

A la gare d'une grande ville, parents et amis étaient attroupés autour d'un groupe d'appelés sur le point de partir. Tous s'embrassèrent en pleurant. Beaucoup se voyaient pour la dernière fois.

Un homme serrait la main de son fils, comme pour lui dire adieu. Ses yeux étaient embués de larmes, ses mains tremblaient et il était incapable d'émettre le moindre mot. C'était son fils unique et il l'aimait de tout son être. Mais que pouvait-il lui dire ? Quels mots auraient pu le ramener à la maison ?

Le train siffla. Les soldats devaient monter dans les wagons. L'homme désirait faire une recommandation à son fils. Le serrant contre lui, il murmura :

"Mon petit Jean, mon petit Jean ! Ne te fais pas tuer !"

Les soldats étaient dans le train et regardaient la foule qui applaudissait et saluait en agitant les bras. L'homme, déchiré de douleur, fixait son Jean qui lui faisait des signes de la fenêtre. Il voulait lui dire un dernier message. Le train se mit en marche. Le père leva le bras. Puis il se fraya un passage à travers la foule, courut avec le train et s'écria :

"Mon petit Jean, mon cher fils, tiens-toi toujours aux côtés du général !"

Le père savait que les coups de l'ennemi épargnent ceux qui sont près des généraux.

"Je suis la vigne. Vous en êtes les sarments. Celui qui demeure uni à moi, et à qui je suis uni, porte beaucoup de fruits, car vous ne pouvez rien faire sans moi."
(Évangile selon saint Jean 15,5)

Un Jeune Homme Étrange

Le propriétaire d'une grande ferme avait besoin d'un aide pour s'occuper des étables et du fenil. Selon l'usage, il commença ses recherches le jour de la fête du village. Il remarqua un jeune homme de seize dix-sept ans qui flânait autour des baraques foraines. Il était grand et maigre et ne paraissait pas très robuste.

"Comment t'appelles-tu, jeune homme ?

- Alfred, Monsieur.

- Je cherche quelqu'un pour travailler à ma ferme. Est-ce que tu t'y connais dans les travaux agricoles ?

- Oui, Monsieur, je sais dormir par une nuit de tempête !

- Quoi ? demanda le paysan tout surpris.

- Je sais dormir par une nuit de tempête !"

Le paysan secoua la tête et poursuivit son chemin. Le soir il rencontra de nouveau Alfred et répéta sa proposition. Et la réponse d'Alfred fut la même : "Je sais dormir par une nuit de tempête !"

Le paysan avait besoin d'un aide et non d'un jeune sachant dormir par les nuits de tempête. Il reprit donc ses recherches, mais ne trouva personne pour travailler dans sa ferme. Faute de mieux, il embaucha Alfred qui lui répéta : "Soyez tranquille, patron, je sais dormir par une nuit de tempête."

- D'accord ! Nous verrons bien ce que tu sais faire."

Alfred travaillait déjà depuis plusieurs semaines à la ferme. Le patron, très occupé, ne lui prêtait pas beaucoup d'attention.

Mais une nuit, il fut réveillé par un vent terrible qui hurlait dans les arbres, rugissait à travers les cheminées et secouait les fenêtres. Inquiet, le paysan sauta du lit. La tempête aurait pu ouvrir tout grand les portes de l'étable, effrayer vaches et chevaux, disperser le foin et la paille et causer toutes sortes de désastres.

Il courut frapper à la porte d'Alfred, mais n'eut pas de réponse. Il frappa plus fort. "Alfred, lève-toi, viens me prêter main forte avant que le vent n'ait tout détruit !"

Mais Alfred dormait toujours.

Le fermier n'avait plus de temps à perdre. Il se précipita dans les escaliers, bondit à travers la cour et parvint à l'étable, où l'attendait une belle surprise. Les portes étaient solidement fermées et les fenêtres bloquées. Le foin et la paille étaient couverts de bâches solidement arrimées n'offrant aucune prise au vent. Les chevaux étaient en sécurité, les porcs et les poules étaient étonnamment calmes. Dehors le vent soufflait en violentes rafales. A l'intérieur de la ferme, les animaux étaient en sécurité.

Alors, soudain le paysan éclata d'un rire sonore. Il venait de comprendre ce qu'Alfred voulait dire quand il affirmait savoir dormir par une nuit de tempête.

Chaque jour, le jeune homme accomplissait son travail à la perfection, s'assurant que tout fut rangé à sa place. Chaque soir, il fermait soigneusement portes et fenêtres et prenait soin des animaux. Il se préparait à la tempête et ne la craignait plus.

"Que vos reins restent ceints et vos lampes allumées."
Évangile selon saint Luc 12,35

Que ce soit une Reine

Il était une fois dans un lointain passé une ville célèbre située au milieu d'une vallée fertile. Ses habitants étant des hommes et des femmes dynamiques, leur ville se développa en très peu de temps. Les gens de passage qui la voyaient de loin étaient éblouis par la splendeur de ses marbres et de ses bronzes dorés. Bref, c'était une ville heureuse où tout le monde vivait en paix.

Mais un jour funeste, ses habitants eurent l'idée saugrenue d'élire un roi.
Au son des trompettes d'or, ils se réunirent tous devant l'Hôtel de Ville. Personne ne manquait à l'appel. Riches et pauvres, jeunes et vieux s'observaient mutuellement et chuchotaient.

La sonnerie d'une trompette d'argent imposa le silence à toute l'assemblée. Un petit homme trapu, superbement vêtu, s'avança. C'était le plus riche de la ville. Levant sa main ornée d'anneaux scintillants, il proclama : "Citadins ! Nous sommes déjà immensément riches. Nous avons de l'argent à volonté. Notre roi doit être un noble, un comte, un marquis, un prince afin que son haut lignage inspire respect à tous et à chacun."

- Non ! Va-t-en ! Faites-le taire ! Hou, ou, ou ! rétorquèrent les moins riches, provoquant un vacarme indescriptible. Le roi que nous voulons doit être riche,

mais surtout généreux, et savoir proposer des remèdes à nos problèmes !"

Les soldats hissèrent sur leurs épaules un géant musclé et, brandissant leurs lances menaçantes, ils crièrent : "C'est lui qui sera notre roi ! Lui, le plus fort !"

Dans la confusion générale, personne ne comprenait plus rien. De toutes parts éclataient des cris, des menaces, des applaudissements et des épées s'entre-croisaient. Les échauffourées se multipliaient et les blessés se comptaient par dizaines.

La trompette retentit à nouveau et peu à peu la foule s'apaisa. Un ancien, serein et prudent, monta sur la plus haute marche et dit : "Chers amis ! Ne commettons pas la folie de nous battre pour un roi qui n'existe pas encore ! Faisons appel à un petit enfant innocent et demandons-lui d'élire un roi parmi nous !"

Ils prirent un enfant par la main et le placèrent devant la foule.

L'ancien lui dit :

"Qui voudrais-tu comme roi de notre si grande ville ?"

Le bambin les regarda tous, suça un instant son pouce et répondit :

"Les rois sont méchants. Je ne veux pas de roi ! Je veux que ce soit une reine : ma maman !"

Les mères au gouvernement ! Quelle magnifique idée ! Le monde serait certainement plus honnête. On dirait moins de gros mots. Chacun donnerait la main à plus grand que lui avant de traverser la rue, et cela sans fausse honte !

" Même Dieu a sa mère. " (A. Dozon, 1878)

La Rencontre

"Si le ciel vous jette une datte, ouvrez la bouche."
Proverbe chinois

L'histoire se passe en Inde, dans un train.

Un jeune Indien aveugle raconte : "J'étais seul dans un compartiment quand une jeune fille vint s'asseoir près de moi. L'homme et la femme qui l'avaient accompagnée et installée étaient sans doute ses parents. Ils lui firent moult recommandations avant de se retirer. Comme j'étais aveugle, je ne pouvais pas savoir quel était l'aspect de la jeune fille, mais le son de sa voix m'était très agréable.

"Vous allez à Dehra Dun ?", lui ai-je demandé, pendant que le train quittait la gare. Je m'efforçai de lui cacher ma cécité et je me dis que le plus simple serait encore de ne pas quitter ma place.

"Je vais à Saharanpur, répondit la jeune fille. Une tante viendra m'y chercher. Et vous, quelle est votre destination ?

- C'est Dehra Dun, et puis Mussoorie, lui dis-je.

- Vous en avez de la chance ! J'aimerais tellement visiter Mussoorie. J'adore la montagne, surtout en octobre.

- C'est vrai, c'est la meilleure saison, dis-je, en faisant appel aux souvenirs du temps où je voyais encore. Les collines sont couvertes de dahlias sauvages, le soleil y est agréable et le soir on peut rester assis devant le feu à siroter un cognac. La plupart des vacanciers sont déjà repartis et les rues sont silencieuses et pratiquement désertes.

La jeune fille se taisait et je me demandais si mes paroles l'avaient touchée ou si elle me prenait pour un grand sentimental. C'est alors que je fis une erreur. "Comment est-ce dehors ?", demandai-je.

Ma question pourtant n'avait pas l'air de lui sembler incongrue. Aurait-elle déjà remarqué que je ne voyais rien ? Mais ses paroles m'enlevèrent mes derniers doutes. "Pourquoi ne regardez-vous pas par la fenêtre ?", demanda-t-elle d'un air tout naturel.

Je me glissai le long de la banquette et, à tâtons, je cherchai la fenêtre. Elle était ouverte ; je m'appuyai donc dans l'embrasure et fis semblant d'étudier le panorama.

Avec les yeux de mon imagination, je voyais défiler à toute vitesse les poteaux télégraphiques. Et puis je me suis hasardé à dire : "Vous avez remarqué, c'est comme si les arbres se déplaçaient et que nous, nous restions sur place ?

- Mais c'est toujours comme ça ! fit-elle. Je me tournai alors vers la jeune fille et nous restâmes assis en silence.

- Vous avez un visage avenant, lui dis-je au bout d'un moment, un rire agréable, clair et cristallin !

- Ça fait du bien de se l'entendre dire, ajouta-t-elle. Mais j'en ai vraiment assez de toutes ces personnes qui ne voient en moi qu'une belle frimousse !

- Sa beauté est donc réelle, pensai-je et, à voix haute, j'ajoutai : Ben, oui, un visage intéressant peut aussi être d'une grande beauté !

- Vous êtes très galant, dit-elle, mais pourquoi êtes-vous si soucieux ?

- Bientôt vous serez arrivée, lui dis-je d'un ton plein de regrets.

- Dieu soit loué ! Je ne supporte pas les longs voyages en train."

Moi, par contre je serais bien resté assis comme cela pour toujours, rien que pour l'entendre parler ! Sa voix était comme le clapotis argentin d'un torrent de montagne. A peine descendue du train, elle aura oublié notre brève rencontre, mais moi, je garderai son souvenir pour le reste du voyage et bien après.

Le train entra en gare. Une voix appela la jeune fille. Elle partit, ne laissant derrière elle que son parfum. Un homme entra dans le compartiment, bredouillant quelques mots. Le train repartit. A tâtons, je retrouvai la fenêtre et je fixai la lumière du jour, qui pour moi n'était que ténèbres. Je me préparai à refaire mon petit jeu avec un nouveau compagnon de voyage.

"Je suis désolé de ne pas être un compagnon aussi attrayant

que la jeune fille qui vient de sortir, dit-il pour entamer la conversation.

- C'était une personne intéressante, lui dis-je... Au fait, avait-elle les cheveux longs ou courts ?"

Il me répondit d'un ton perplexe : "Je ne m'en souviens pas ! Ce sont ses yeux qui m'ont impressionné et non ses cheveux. Elle avait de si beaux yeux ! Dommage qu'elle ne pouvait pas s'en servir, elle était complètement aveugle. Vous ne l'avez pas remarqué ?"

Beaucoup de rencontres humaines ressemblent à celle de cette histoire. Chacun a peur de se montrer sous son vrai jour. Ainsi se perdent des rendez-vous décisifs avec la vie, des occasions d'aimer et de grandir.

J'AVANCE COMME UN ÂNE

Oui, comme cet animal qu'un dictionnaire biblique décrit ainsi :
"L'âne de Palestine est très vigoureux, souffre peu de la chaleur, se nourrit de chardons ; la forme de ses sabots rend sa marche très sûre ; enfin son entretien est peu coûteux. Ses seuls défauts sont l'entêtement et la paresse."
J'avance comme l'âne de Jérusalem
dont le Messie, un jour des Rameaux,
fit une monture royale et pacifique.

Je ne sais pas grand-chose,
mais je sais que je porte le Christ sur mon dos
et j'en suis plus fier que d'être Basque.
Je le porte, mais c'est lui qui me mène.
Je sais qu'il me conduit vers son Royaume
où je me prélasserai sans fin dans de verts pâturages.

J'avance à petits pas.
Par des chemins escarpés loin de ces autoroutes
où la vitesse vous empêche de reconnaître
monture et cavalier.
Quand je bute contre une pierre,
mon Maître doit être bien cahoté,
mais il ne me reproche jamais rien.

C'est merveilleux comme il est gentil et patient avec moi :
Il me laisse le temps de saluer
la ravissante ânesse de Balaam,
de rêver devant un champ de lavande,
d'oublier même que je le porte.

J'avance en silence.
C'est fou comme on se comprend sans parler :

d'ailleurs je n'entends pas trop
quand il me souffle des mots à l'oreille.
La seule parole de lui que j'ai comprise
semblait être pour moi tout seul
et je puis témoigner de sa vérité :
"Mon joug est facile à porter
et mon fardeau léger." (Matthieu 11,30)
C'est comme, foi d'animal,
quand je portais allégrement sa mère vers Bethléem,
un soir de Noël.
"Elle pesait peu, n'étant occupée que de l'avenir en elle",
c'est Jules Supervielle, le poète ami des ânes, qui l'a dit.

J'avance dans la joie.
Quand je veux chanter ses louanges,
je fais un boucan de tous les diables, je chante faux.
Lui, alors, rit de bon cœur,
d'un rire qui transforme les ornières en piste de danse
et mes sabots en sandales de vent.
Ces jours-là, je vous jure, on en fait du chemin !

J'avance, j'avance comme un âne
qui porte le Christ sur son dos.

(Cardinal Etchegaray)

Dieu est lourd comme le bonheur.

Des Vêtements pour les Pauvres

Le curé d'une banlieue dégradée de Paris chargea un jour l'écrivain Madeleine Delbrêl, sa bonne paroissienne, de porter un paquet de vêtements à une famille de non-croyants qui vivait dans une extrême pauvreté.

Madeleine prit le colis et se rendit à l'adresse indiquée par le curé. Elle grimpa les cinq étages de cette H.L.M. de ciment et remit le paquet à la femme, pâle, fatiguée, portant un enfant dans ses bras et qui venait de lui ouvrir la porte. La femme la remercia et Madeleine redescendit les escaliers. Mais à peine avait-elle atteint le rez-de-chaussée qu'elle entendit des appels.

C'était la femme du cinquième étage qui hurlait :
"Viens ! Reprends-le, ton paquet avec ses chiffons répugnants ! Nous sommes pauvres, mais nous ne vivons pas d'ordures !"

Madeleine remonta. Elle ne put que constater que la femme avait raison : le colis ne contenait que du linge sale et dégoûtant. Il s'agissait certainement d'une erreur. Elle s'excusa et redescendit, honteuse et peinée, ne sachant que faire.

Passant devant un fleuriste elle vit un arrangement de magnifiques roses rouges. Elle l'acheta, revint sur ses pas, rencontra l'enfant de la femme, lui remit les fleurs en lui disant : "Tiens, porte-les à ta maman !"
Cet enfant fut le premier baptisé du quartier.

"Nourrir les hommes sans les aimer, c'est les traiter comme du bétail vil ; les aimer sans les respecter, c'est les considérer comme des animaux favoris."
Mencius, Livre des livres, III,I, IVe s. av. J.-C.

Quand la Beauté se Met au Régime

"Les bonnes paroles sont un rayon de miel, douces à l'âme et salutaires au corps." (Proverbes 16,24)

Dans un pays oriental vivaient jadis deux sœurs d'une très grande beauté. La première fut mariée au roi, la seconde à un marchand.

Au fur et à mesure que le temps passait, la femme du roi devenait de plus en plus maigre, éteinte et triste tandis que sa sœur, l'épouse du marchand, voisin du palais royal, semblait embellir de jour en jour.

Le roi convoqua le marchand dans son palais et lui demanda :

"Comment fais-tu ?

- C'est simple : je nourris ma femme de langue !"

Sur ce, le roi ordonna de préparer des quintaux de langues de mouton, de chameau, de canaris pour le régime de sa femme.

Mais cela ne servit à rien. La femme devenait de plus en plus pâle et mélancolique. Furieux, le roi décida d'échanger les femmes. Il renvoya la sienne auprès du marchand et prit la sœur pour épouse.

Mais dans le palais royal, la nouvelle reine dépérit rapidement, alors que sa sœur, dans la maison du marchand, retrouva rapidement une radieuse beauté.

Le secret ? Chaque soir le marchand et sa femme se parlaient, se racontaient des histoires et chantaient ensemble.

♡ ***La communion renforce la confiance et réjouit le cœur.***

TABLE DES MATIÈRES

Dans la même collection :

Éditions du Signe
B.P. 94 - 1, rue Alfred-Kastler
67038 STRASBOURG Cedex 2
Tél. (00-33) 03 88 78 91 91 - Fax : (00-33) 03 88 78 91 99

Adaptation : Jean Hubler et Dominique Riebel
Illustration de couverture : Danielle Siegelbaum
Iconographie : Véronique Herbreteau
© Crédits photographiques :
Alsace-Média pages : 47.
René Mattès page : (19), 61.
Patrice Thébault page : 41.
Frantisek Zvardon pages : 3, 7, 9, 11, 13, 17, 21, 23, 27, 29, 31, 35, 43, 51, 55, 59, 63.

Compogravure : Antéprint

Nouvelle édition 3e trimestre 2000
ISBN 2-7468-0135-3
Imprimé en Italie par STIGE - Turin